ADD book

This address book belongs to:

_____

_____

_____

_____

_____　　_____

_____　　　　　　　_____

 _____

_____

_____

@　_____

_____

_____

_____　　_____

_____　　　　　　　_____

 _____

_____

_____

@　_____

_____

_____

_____　　_____

_____　　　　　　　_____

 _____

_____

_____

@　_____

_____

_____

_____　　_____

_____　　　　　　　_____

 _____

_____

_____

@　_____

_____ _____

_____

 _____

_____

_____

@ _____

_____

_____ _____

_____

 _____

_____

_____

@ _____

_____

_____ _____

_____

 _____

_____

_____

@ _____

_____

_____ _____

_____

 _____

_____

_____

@ _____

_____

_____ _____

_____

 _____

_____

_____

 _____

_____ _____

_____

 _____

_____

_____

 _____

_____ _____

_____

 _____

_____

_____

 _____

_____ _____

_____

 _____

_____

_____

 _____

_____ _____

_____ _____

 _____

_____

_____

 _____

_____

_____ _____

_____ _____

 _____

_____

_____

 _____

_____

_____ _____

_____ _____

 _____

_____

_____

 _____

_____

_____ _____

_____ _____

 _____

_____

_____

 _____

_____ _____

_____

_____

_____

@ _____

_____

_____ _____

_____

_____

_____

@ _____

_____

_____ _____

_____

_____

_____

@ _____

_____

_____ _____

_____

_____

_____

@ _____

_____ _____

_____ _____

 _____

_____

_____

_____

 _____

_____ _____

_____ _____

 _____

_____

_____

_____

 _____

_____ _____

_____ _____

 _____

_____

_____

_____

 _____

_____ _____

_____ _____

 _____

_____

_____

 _____

___

___

___

___

___

___

___

___

___

___

___

___

_____ _____

_____ _____

 _____

_____

_____

_____

 _____

_____ _____

_____ _____

 _____

_____

_____

_____

 _____

_____ _____

_____ _____

 _____

_____

_____

_____

 _____

_____ _____

_____ _____

 _____

_____

_____

 _____

....

▼ ....

....

....

 ....

....

....

▼ ....

....

....

 ....

....

....

▼ ....

....

....

 ....

....

....

▼ ....

....

....

 ....

_____ _____

_____ _____

 _____

_____

_____

 _____

_____

_____ _____

_____ _____

 _____

_____

_____

 _____

_____

_____ _____

_____ _____

 _____

_____

_____

 _____

_____

_____ _____

_____ _____

 _____

_____

_____

 _____

_____

_____ _____

_____

 _____

_____

_____

 _____

_____ _____

_____

 _____

_____

_____

_____ _____

_____

 _____

_____

_____

_____ _____

_____

_____　　_____

_____　_____

　_____

_____

_____

@　_____

_____

_____　　_____

_____　_____

　_____

_____

_____

@　_____

_____

_____　　_____

_____　_____

　_____

_____

_____

@　_____

_____

_____　　_____

_____　_____

　_____

_____

_____

@　_____

_____
 _____

_____

 _____

_____

_____

_____

@ _____

_____

_____

_____
 _____

_____

 _____

_____

_____

_____

@ _____

_____

_____

_____
 _____

_____

 _____

_____

_____

_____

@ _____

_____

_____

_____
 _____

_____

 _____

_____

_____

_____

@ _____

_____ _____

_____ _____

 _____

_____

_____

 _____

_____ _____

_____ _____

 _____

_____

_____

 _____

_____ _____

_____ _____

 _____

_____

_____

 _____

_____ _____

_____ _____

 _____

_____

_____

 _____

_____ _____

▼ _____

_____

_____

@ _____

_____

_____ _____

▼ _____

_____

_____

@ _____

_____

_____ _____

▼ _____

_____

_____

@ _____

_____

_____ _____

▼ _____

_____

_____

@ _____

_____ _____

_____

_____

_____

_____

_____ _____

_____

_____

_____

_____

_____ _____

_____

_____

_____

_____

_____ _____

_____

_____

_____

_____ _____

_____

 _____

_____

_____

 _____

_____ _____

_____

 _____

_____

_____

 _____

_____ _____

_____

 _____

_____

_____

 _____

_____ _____

_____

 _____

_____

_____

 _____

_____　　_____

✉　_____

_____

_____

　_____

_____

_____　　_____

✉　_____

_____

_____

　_____

_____

_____　　_____

✉　_____

_____

_____

　_____

_____

_____　　_____

✉　_____

_____

_____

　_____

_____ _____

_____

 _____

_____

_____

_____

@ _____

_____

_____

_____ _____

_____

 _____

_____

_____

_____

@ _____

_____

_____

_____ _____

_____

 _____

_____

_____

_____

@ _____

_____

_____

_____ _____

_____

 _____

_____

_____

_____

@ _____

_____ _____

_____ _____

 _____

_____ _____

_____ _____

_____ _____

_____ _____

_____ _____

 _____

_____ _____

_____ _____

_____ _____

_____ _____

_____ _____

 _____

_____ _____

_____ _____

_____ _____

_____ _____

_____ _____

 _____

_____ _____

_____

 _____

▼ _____

_____

_____

@ _____

_____

_____

 _____

▼ _____

_____

_____

@ _____

_____

_____

 _____

▼ _____

_____

_____

@ _____

_____

_____

 _____

▼ _____

_____

_____

@ _____

_____

_____

_____

▼ _____

_____

_____

_____

_____

_____

_____

_____

▼ _____

_____

_____

_____

_____

_____

_____

_____

▼ _____

_____

_____

_____

_____

_____

_____

▼ _____

_____

_____

_____

_____ _____

_____

 _____

_____

_____

_____

 _____

_____

_____ _____

_____

 _____

_____

_____

_____

 _____

_____

_____ _____

_____

 _____

_____

_____

_____

 _____

_____

_____ _____

_____

 _____

_____

_____

 _____

_____ _____

_____   _____

_____

▼ _____

_____

_____

 _____

_____

_____

 _____

_____

▼ _____

_____

_____

 _____

_____

_____

_____

_____

 _____

▼ _____

_____

_____

 _____

_____

_____

_____

 _____

▼ _____

_____

_____

 _____

_____ _____

_____ _____

 _____

_____

_____

 _____

_____

_____ _____

_____ _____

 _____

_____

_____

 _____

_____

_____ _____

_____ _____

 _____

_____

_____

 _____

_____

_____ _____

_____ _____

 _____

_____

_____

 _____

_____ _____

_____ _____

_____

 _____

_____

_____

 _____

_____ _____

_____

 _____

_____

_____

 _____

_____ _____

_____

 _____

_____

_____

 _____

_____ _____

_____

 _____

_____

_____

 _____

_____ _____

_____ _____

 _____

_____

_____

_____

_____ _____

_____ _____

 _____

_____

_____

_____

_____ _____

_____ _____

 _____

_____

_____

_____

_____ _____

_____ _____

 _____

_____

___

___

___

___

___

___

___

___

___

___

___

___

___

___

___

___

___

___

___

___

_____ _____

_____ _____

 _____

_____

_____

 _____

_____ _____

_____ _____

 _____

_____

_____

 _____

_____ _____

_____ _____

 _____

_____

_____

 _____

_____ _____

_____ _____

 _____

_____

_____

 _____

_____ _____

_____ _____

▼ _____

_____

_____

_____

 _____

_____ _____

_____ _____

▼ _____

_____

_____

_____

 _____

_____ _____

_____ _____

▼ _____

_____

_____

_____

 _____

_____ _____

_____ _____

▼ _____

_____

_____

_____

 _____

_____ _____

_____ _____

 _____

_____ _____

_____ _____

_____ _____

@ _____

_____ _____

_____ _____

_____ _____

_____ _____

 _____

_____ _____

_____ _____

_____ _____

@ _____

_____ _____

_____ _____

_____ _____

_____ _____

 _____

_____ _____

_____ _____

_____ _____

@ _____

_____ _____

_____ _____

_____ _____

_____ _____

 _____

_____ _____

_____ _____

_____ _____

@ _____

_____　　_____

_____

　_____

_____

_____

_____

@　_____

_____

_____　　_____

_____

　_____

_____

_____

_____

@　_____

_____

_____

_____

_____　　_____

_____

　_____

_____

_____

_____

@　_____

_____

_____

_____

_____　　_____

_____

　_____

_____

_____

_____

@　_____

_____

_____　　_____

　_____

_____

_____

@　_____

_____

_____

_____　　_____

_____

　_____

_____

_____

@　_____

_____

_____

_____

_____

_____　　_____

_____

　_____

_____

_____

@　_____

_____

_____

_____

_____　　_____

_____

　_____

_____

_____

@　_____

_____ _____

_____ _____

 _____

_____ _____

_____ _____

@ _____

_____ _____

_____ _____

 _____

_____ _____

_____ _____

@ _____

_____ _____

_____ _____

 _____

_____ _____

_____ _____

@ _____

_____ _____

_____ _____

 _____

_____ _____

_____ _____

@ _____

_____　 _____

 _____

_____

_____

 _____

_____

_____

_____　 _____

_____

 _____

_____

_____

 _____

_____

_____

_____　 _____

_____

 _____

_____

_____

 _____

_____

_____

_____　 _____

_____

 _____

_____

_____

 _____